15. Decembre 1772. 347.

ORDONNANCE DU ROI,

Pour régler le ſervice de ſon Corps-royal de l'Artillerie, tant dans les Places, qu'aux Écoles de théorie & de pratique, & aux Armées.

Du 15 Décembre 1772.

DE PAR LE ROI.

SA MAJESTÉ ayant preſcrit, par ſon Ordonnance du 23 août dernier, que ſon Corps-royal de l'Artillerie ſeroit compoſé à l'avenir de ſept régimens, de ſept compagnies de Mineurs & neuf d'Ouvriers: Et voulant régler le ſervice de chaque troupe en général, dans les places, aux Écoles de théorie & de pratique, & en campagne, Elle a ordonné & ordonne ce qui ſuit:

Du Service en général.

ARTICLE PREMIER.

LES ſept régimens du Corps-royal de l'Artillerie, ainſi

que les compagnies de Mineurs & d'Ouvriers, conſerveront dans l'Infanterie, le même rang qu'avoit précédemment le régiment Royal-artillerie.

2.

CES régimens rouleront entre eux, ſuivant le grade & l'ancienneté des Colonels qui en ſeront titulaires.

3.

LORSQUE pluſieurs régimens du Corps-royal ſe trouveront enſemble, le plus ancien Colonel les commandera pour le ſervice commun; mais la diſcipline intérieure de chaque régiment demeurera à ſon Colonel, ou à l'Officier qui devra commander en ſon abſence.

Il en ſera de même lorſque pluſieurs détachemens des régimens ſe trouveront réunis dans la même place ou à la même armée, le commandement appartiendra toujours de droit à l'Officier de ces détachemens le plus élevé en grade, ou le plus ancien à grade égal; mais la diſcipline intérieure, ainſi que le détail de chaque détachement, ſera réſervé à ſon Commandant particulier.

4.

DANS toute occaſion de ſervice, l'Officier le plus élevé en grade, ou le plus ancien à grade égal, aura toujours le commandement, de façon que le Directeur général de l'Artillerie aura l'autorité ſur tous les Officiers ſupérieurs du Corps-royal, les Chefs de départemens ſur les Commandans d'École ou Colonels, les Commandans d'École ou Colonels ſur les Lieutenans-colonels, les Lieutenans-colonels ſur les Majors, les Majors ſur les Capitaines, & les Capitaines ſur les Lieutenans.

5.

LES détachemens, pour les places & aux armées, feront toujours tirés de toutes les compagnies du régiment dont ils feront, de façon que dans chaque détachement il fe trouve des Soldats de toute efpèce; favoir, des Canonniers, des Bombardiers & des Sapeurs. A l'égard des compagnies de Mineurs & d'Ouvriers, elles ne fourniront des détachemens que fur des ordres particuliers.

6.

SA MAJESTÉ fe réferve auffi de faire détacher, lorfque fon fervice pourra l'exiger, un bataillon entier, une brigade de cinq compagnies, ou même une compagnie entière; & dans ce cas, Elle leur fera expédier des ordres particuliers.

7.

CHAQUE compagnie de Canonniers ou de Bombardiers, marchera dans le bataillon, & même dans la brigade à laquelle elle fera attachée, fuivant l'ancienneté de fon Capitaine; mais les compagnies de Sapeurs, indépendamment du rang de leurs Capitaines, marcheront toujours à la tête des bataillons dont elles feront partie; celles de Mineurs & d'Ouvriers marcheront toujours à la queue du fecond bataillon du régiment auquel elles feront attachées.

8.

LES régimens du corps-royal de l'Artillerie, feront fujets à la même police & difcipline que tous ceux de l'Infanterie françoife, dans quelqu'endroit qu'ils fe trouvent.

Du service dans les Places.

9.

LES régimens du corps-royal de l'Artillerie, soit qu'ils se trouvent seuls dans les places, ou avec d'autres Troupes, y feront le service avec l'Infanterie.

10.

SA MAJESTÉ trouve bon cependant qu'ils ne fournissent que la moitié du nombre de Soldats qui sera demandé aux autres bataillons de la garnison, pour le service de la place.

11.

ELLE entend aussi que lorsque les Écoles de pratique auront lieu, ce qui sera au plus tard du 15 Mai au 1.er Octobre, les régimens du Corps-royal qui se trouveront avec d'autres régimens d'Infanterie, ne fournissent pendant ce temps, en Officiers & Soldats, que les gardes du polygone, des arsenaux & des magasins d'artillerie, celle de police aux casernes, ainsi que celle des drapeaux & de la caisse du régiment, & celle d'honneur, dûe aux Officiers généraux employés dans les places; défendant expressément d'en fournir à d'autre Officier, qu'autant qu'elle lui sera dûe par son grade, conformément à l'Ordonnance du service des Places.

12.

SA MAJESTÉ veut bien dispenser en tout temps du service des places, les Capitaines en premier des régimens, ainsi que les Sapeurs, Canonniers & Bombardiers de la première classe, & les compagnies de Mineurs & d'Ouvriers, à moins que la nécessité du service n'exige de les y employer, auquel cas ils exécuteront ce qui leur ſera ordonné par les Commandans deſdites places, qui en rendront compte au Secrétaire d'État ayant le département de la guerre.

13.

LES compagnies de Mineurs & d'Ouvriers attachées aux régimens du Corps-royal, fourniront ſimplement à la garde de police, aux caſernes, en proportion de la force deſdites compagnies.

14.

LES Capitaines en ſecond & les Officiers ſubalternes des régimens du Corps-royal, monteront la garde, feront la ronde, & généralement tout le ſervice de l'Infanterie uſité dans les places où leurs régimens ſe trouveront; ils rouleront avec les Officiers des autres régimens de la garniſon, mais ce ſervice n'aura lieu que pendant les mois d'hiver.

15.

LES Colonels, Lieutenans-colonels & Majors des régimens du Corps-royal, feront en tout temps le ſervice des Officiers ſupérieurs, conjointement avec ceux des régimens d'Infanterie avec leſquels ils ſe trouveront en garniſon. Leſdits Colonels étant chargés particulièrement des détails de la troupe, ainſi que de la tenue & de la diſcipline du corps; l'intention de Sa Majeſté eſt qu'ils ne puiſſent s'en abſenter ſans congé.

16.

LORSQU'IL ſera envoyé dans une place un détachement du Corps-royal, l'Officier qui commandera ce détachement, recevra en y arrivant l'ordre de celui qui ſera chargé de la direction de l'Artillerie ſur tout ce qu'il aura à faire pour le ſervice auquel il ſera deſtiné. Le Directeur, de même que les Officiers de réſidence, s'adreſſera au Commandant de la place pour demander les Travailleurs de ce détachement, ou d'autres troupes de la garniſon qui ſeront néceſſaires pour le ſervice de l'Artillerie; & la diſcipline intérieure du détachement, ſera réſervée à l'Officier qui le commandera, lequel en répondra au Chef de la troupe dont il aura été détaché; il ſe conformera d'ailleurs aux ordres du Commandant de la place ſur tout ce qui concernera la diſcipline de la garniſon: ce détachement ne ſera aucun autre ſervice que celui de l'Artillerie.

17.

Les Officiers du Corps-royal, qui ſeront détachés pour être en réſidence dans les places, ſe préſenteront, auſſitôt leur arrivée dans leſdites places, à ceux qui y commanderont, pour leur faire part de leurs ordres.

18.

Ils informeront de leur arrivée le Secrétaire d'État ayant le département de la guerre, les Chefs ou Directeurs des départemens d'où ils reſſortiront, & les Colonels de leur régiment.

19.

Ils ne feront dans les places, que le ſervice de l'Artillerie, ſous les ordres des Directeurs des départemens, auxquels ils rendront compte de tout ce qui y aura rapport, & ne pourront dans aucune circonſtance & ſous aucun prétexte, y prendre le commandement de la place, à moins qu'ils ne fuſſent détachés avec une troupe du Corps-royal.

20.

L'ordre ſera porté tous les jours dans les places par le

Major, ou à ſon défaut par l'Aide-major du régiment du Corps-royal, au Commandant de l'Artillerie, quel qu'il ſoit, & au Colonel, ou à ſon défaut au Commandant du régiment; il ſera porté par un Sous-aide-major au Lieutenant-colonel, & par des Sergens aux Capitaines. A l'égard des Lieutenans, les Sergens ne leur porteront l'ordre que lorſqu'ils ſeront commandés pour le ſervice; s'il n'y avoit dans la place qu'un détachement du Corps-royal, l'ordre ſera porté par un Sergent à celui qui commandera le Corps, & aux autres Officiers, comme il eſt dit ci-deſſus; & quand il n'y aura ni régiment, ni détachement, un Sergent de la garniſon le portera ſeulement à l'Officier qui commandera l'Artillerie en chef dans la place.

21.

LORSQUE les Officiers qui ſeront en réſidence dans les places, devront être relevés, ils ne pourront partir qu'après avoir donné le temps néceſſaire aux Officiers deſtinés à les remplacer, de ſe mettre au fait du local, les avoir inſtruits de l'état des magaſins, munitions & attirails dont ils avoient été chargés, & leur avoir remis les inventaires, ainſi que les projets de nouvelle conſtruction.

22.

ENTEND Sa Majeſté que les Chefs de départemens généraux de l'Artillerie, ainſi que les Commandans des Écoles de ſon Corps-royal, ne puiſſent s'abſenter ſans permiſſion ou congé de Sa Majeſté, de leur département ou réſidence.

Du ſervice dans les Écoles.

23.

SA MAJESTÉ ayant déclaré ſes intentions ſur la tenue des

Écoles du Corps-royal, tant anciennes que nouvelles, par ses Ordonnances, instructions ou règlemens des 23 juin 1720 & 8 avril 1756; Elle enjoint aux Commandans desdites Écoles de tenir la main à ce qu'elles soient exécutées, & de rendre compte au Directeur général du corps, des progrès que feront les Officiers qui sont dans le cas de s'y instruire.

24.

CHACUN de ces Commandans aura toute autorité & commandement sur le régiment du Corps-royal qui tiendra garnison dans la ville où sera établie l'École dont il aura la direction, sans cependant se mêler en aucune façon de la discipline intérieure dudit régiment, non plus que de la tenue, de l'habillement, des réparations, des finances, des recrues & des exercices d'Infanterie, ces parties étant réservées au Commandant du régiment, qui aura attention de faire part à celui de l'École, de la situation & des mutations qui arriveront dans le régiment, pour lui en faire connoître la force, & régler avec lui celle des détachemens qu'il pourra exiger pour les différens services de l'École.

25.

LESDITS Commandans d'École, seront suppléés dans toutes leurs fonctions, par les Colonels des régimens du Corps-royal, qui le feront à leur tour par les Lieutenans-colonels ou autres Officiers du régiment, commandans en leur absence. Et celui qui se trouvera avoir le commandement de l'École, jouira, pendant tout le temps qu'il l'aura, du traitement qui est attaché à ce commandement, par l'article 50 de l'Ordonnance du 23 août dernier, qui traite de la solde & appointemens du Corps-royal. Il en sera de même de celui

qui

qui se trouvera commander le régiment, lequel jouira également du traitement attribué à ce dernier commandement.

26.

SA MAJESTÉ continuera d'entretenir dans chaque École du Corps-royal, un Professeur de Mathématiques, un Aide-professeur ou Répétiteur & un Maître de Dessin. Il y aura en outre un Directeur & un Sous-directeur du parc, choisis dans les Capitaines en premier & en second du régiment, deux Conducteurs de charroi, dont un sera chargé des détails de Garde d'artillerie du parc, & l'autre attaché à la direction de l'artillerie de la place; les Conducteurs se remplaceront annuellement dans leurs fonctions.

27.

LES Écoles de théorie se tiendront toute l'année, trois fois par semaine; & les Écoles de pratique pendant le temps qui est prescrit par l'article 11 de la présente Ordonnance; on opèrera d'ailleurs sur le terrain toutes les fois que le temps le permettra. Les jours de théorie seront décidés par les jours de marché, pendant lesquels le tir du canon pourroit incommoder le concours des habitans.

28.

L'ÉCOLE de pratique aura lieu le plus matin qu'il se pourra, dans les trois jours de la semaine qui lui sont assignés, & dans la belle saison; on observera de n'y pas employer plus de la moitié des hommes présens au régiment, gardes déduites, ainsi que les Travailleurs de l'arsenal, pour lesquels le Commandant de l'École se concertera avec le Directeur de l'artillerie & le Major du régiment, de façon que chaque Soldat ne puisse être de service que de deux jours l'un.

29.

Le Commandant de l'École, ainſi que le Colonel & le Lieutenant-colonel du régiment, ſuivront par eux-mêmes, autant qu'ils le pourront, les exercices de pratique; & le plus ancien Capitaine du détachement qui y aura été employé, rendra compte, à la fin de ces exercices, au Commandant de l'École, du progrès & de l'aſſiduité des Officiers, afin de le mettre en état d'en informer le Directeur général du Corps.

30.

Le détachement pour l'École de pratique, tel qu'il puiſſe être, ſera formé de toutes les compagnies du régiment; mais la diſtribution s'en fera de façon que chaque Soldat ſe trouve employé dans ſon genre, c'eſt-à-dire les Sapeurs à la ſape, les Canonniers aux canons de tout calibre, les Bombardiers aux mortiers, & les Artificiers à l'artifice. Dans tous les cas où toutes ces inſtructions n'auroient pas lieu, ils ſerviront indifféremment à toutes celles qui feront miſes en pratique, ainſi qu'aux manœuvres.

31.

La compagnie de Mineurs ſera employée préférablement aux inſtructions qui lui ſeront propres; le Commandant de l'École aura ſoin de lui faire fournir pour cela un terrain convenable, ainſi que les bois, outils & munitions qui lui deviendront néceſſaires. Entend néanmoins, Sa Majeſté, que lorſque les Mineurs ne ſeront pas occupés du travail qui leur eſt particulier, ils puiſſent être employés dans le détachement dont il eſt fait mention dans l'article précédent, pour participer à l'inſtruction des différentes manœuvres d'artillerie; ſon intention étant que tous les Soldats du Corps-royal puiſſent ſe ſuppléer réciproquement, dans leurs différens ſervices.

15. Decembre 1772. 352.

32.

Le Directeur & le Sous-directeur du parc, pourront alterner entre eux, pour les jours d'exercice de pratique; le Commandant de l'École aura la liberté de leur donner à chacun pour aide un Lieutenant, qui s'instruira en même temps dans ce détail; mais ces Officiers seront changés au moins chaque année, pour qu'il s'en forme un plus grand nombre.

33.

Le Directeur du parc sera chargé, sous l'autorité du Commandant de l'École, de pourvoir le parc de tout ce qui sera nécessaire; il y commandera sous la même autorité, & y fera placer les Gardes & Sentinelles qu'il jugera convenables. Il aura toute autorité sur le Garde du parc & les Conducteurs de charroi, il veillera à ce qu'ils remplissent avec exactitude les fonctions de leur emploi; il veillera pareillement à l'entretien des attirails & des bâtimens destinés à les renfermer, & rendra compte au Commandant de tout ce qui pourra mériter son attention.

34.

Le Sous-directeur du Parc aidera le Directeur dans toutes ses fonctions, & le remplacera au besoin.

35.

Le Conducteur de charroi qui sera les fonctions de Garde, se chargera, au commencement de l'année, de toutes bouches à feu, effets, munitions & attirails d'artillerie, composant l'équipage du parc de l'École, par un inventaire fait en présence du Directeur du parc, lequel sera transcrit sur un registre coté & paraphé par le Commissaire des guerres &

du Corps-royal. Ce Garde aura un ſecond regiſtre, qui ſera pareillement coté & paraphé, ſur lequel il tranſcrira les remiſes & conſommations d'effets & de munitions qui ſe feront journellement, & formera tous les trois mois un état de ces remiſes & conſommations. A la fin de l'année, il ſera fait une vérification réelle des effets dont il aura été chargé; après quoi il ſera procédé à l'inſtallation de ſon ſucceſſeur, & à un nouvel inventaire.

36.

LE Garde d'artillerie du parc ne fera aucune livraiſon des munitions ou effets qui ſeront à ſa charge, ſans un ordre du Directeur.

37.

LES inventaires & les états de remiſes & conſommations, ſeront non-ſeulement certifiés par le Garde d'artillerie, mais auſſi par le Directeur & le Sous-directeur du parc; ils ſeront enſuite vérifiés par le Commiſſaire des guerres & du Corps-royal employé dans le département, & viſés par le Commandant de l'École. Le Directeur du parc adreſſera tous les ans une expédition, en forme d'inventaire, au Secrétaire d'État ayant le département de la guerre, & tous les trois mois les états de remiſes & conſommations.

38.

LE Commandant de l'École, auquel le Directeur du parc rendra compte journellement des conſommations, des effets à remplacer, des dépenſes faites & des dépenſes à faire, décidera relativement à l'état des fonds accordés pour l'École, des projets de conſtruction & des réparations qui pourront être propoſés, & les états en ſeront envoyés à la fin de chaque année au Secrétaire d'État ayant le département de la guerre, pour être approuvés, ils feront fignés du Directeur du parc & vifés par le Commandant.

39.

Le Directeur & le Sous-directeur du parc, veilleront de même aux remifes & confommations de l'École de Deffin dont ils auront chargé le Maître ; ils en fourniront des états particuliers, & il en fera ufé pour les dépenfes à faire, comme il eft dit à l'article précédent, pour celles du parc ; en obfervant de ne pas excéder, tant pour les unes que pour les autres, les fonds qui leur feront affectés.

40.

Les trois jours de la femaine qui ne feront pas employés à l'École de pratique, le Profeffeur ouvrira tous les matins à neuf heures la falle de Mathématiques qui fe tiendra pendant trois heures.

41.

Les trois heures de cette falle, feront employées par le Profeffeur à expliquer l'Arithmétique, la Géométrie, ou telle autre partie du Cours en ufage, fuivant ce qui fera décidé par le Commandant, relativement à la capacité des Officiers qui y affifteront.

42.

Les Lieutenans en premier & en fecond, feront obligés de s'y trouver à l'heure indiquée, & d'y fuivre chacun dans la claffe où il fe trouvera placé, les inftructions qui feront données par le Profeffeur, ainfi que les règlemens qui auront été arrêtés par le Commandant, lequel en rendra compte au

Directeur général du corps. Si cependant quelqu'un de ces Officiers étoit reconnu pour avoir des connoiſſances ſupérieures à celles que l'on peut acquérir à la ſalle, il pourra être diſpenſé de s'y trouver.

43.

LES Lieutenans en premier & en ſecond, les Surnuméraires ou Aſpirans deſtinés pour le Corps-royal qui ſeront à la ſuite de chaque École, quelque ancienneté qu'ils aient dans le corps, ne monteront aux emplois vacans que relativement à leur capacité, à laquelle ſeule on aura égard dans les nominations, & ils ne jouiront d'aucun ſemeſtre ni congé, qu'en conſéquence de leur application & des progrès qu'ils auront faits aux Écoles. Le Directeur général décidera, après l'examen qu'il aura fait lui-même ou qui lui aura été adreſſé, de ceux pour qui on pourra en demander & pour quel temps.

44.

CHAQUE jour que l'on tiendra la ſalle de Mathématiques, un Capitaine en premier y préſidera ſous l'autorité du Commandant de l'École, auquel il en rendra compte. L'Officier-major de ſemaine s'y trouvera auſſi pour rendre compte des Officiers de ſervice & de ceux qui l'auront fait prévenir des raiſons légitimes qu'ils auront pour s'en diſpenſer. Il remettra au Capitaine, l'état de ceux qui y auront manqué par pure négligence. Le Capitaine portera ledit état au Commandant de l'École, qui les fera mettre aux arrêts ou en priſon, ſuivant les circonſtances. Les Majors des régimens étant chargés de veiller à l'application des ſujets des régimens, ſous l'autorité des Commandans des Écoles, auront auſſi inſpection ſur ce qui ſe paſſera dans la ſalle lorſque leurs occupations leur per-

15. Decembre - 1772.

354.

mettront de s'y trouver ; ils feront auffi préfens aux examens que feront les Commandans des Écoles.

45.

Le Capitaine qui aura préfidé à l'École de théorie du matin, préfidera de même l'après-midi à celle du deffin ; il veillera à ce que tout s'y paffe avec la décence & l'application convenables ; il informera le Commandant de l'École, de l'affiduité & du progrès de ces Officiers, ainfi que des obfervations qu'il aura pu faire pendant la tenue de cette École.

46.

Le Commandant de l'École indiquera auffi quelques jours, pendant la belle faifon, pour aller opérer fur le terrain, & faire avec le Profeffeur, ou l'Aide-profeffeur, des applications de théorie à la pratique ; les Officiers qui affifteront à ces opérations, feront formés en brigade, de façon que le nombre n'en foit pas trop confidérable & qu'ils ne puiffent fe diftraire les uns les autres dans ce travail.

47.

Il pourra auffi indiquer, quand il le jugera à propos, une heure prife dans un jour de la femaine pour affembler les Capitaines à la falle de Mathématiques, & y établir une conférence fur des matières qui auront été propofées par un de ces Capitaines, ou quelques mémoires relatifs à l'Artillerie, dont la lecture y fera faite, & fur lefquels on pourra recueillir les différens fentimens ; les Officiers de leur côté qui auront fait ces mémoires & qui ne voudront pas les foumettre à cette affemblée, pourront les remettre au Commandant de l'École qui les fera parvenir au Directeur général pour les apprécier fuivant leur jufte valeur, & en rendre compte au Secrétaire d'État ayant le département de la guerre.

48.

Le Commandant de l'École & le Profeſſeur, examineront tous les ſix mois les Lieutenans du régiment, les Surnuméraires ou les Aſpirans attachés à chaque École, ſur les parties de Mathématiques qui leur auront été enſeignées à la ſalle ; & le Directeur général du Corps en fera auſſi un examen, lors de ſa revue d'inſpection, dont il rendra compte au Secrétaire d'État ayant le département de la guerre.

49.

Tous les Officiers des régimens, & ſur-tout les Capitaines, auront ſoin de prendre dans les arſenaux de conſtruction, le plus de connoiſſance qu'ils pourront de tous les travaux qui s'y exécutent, & s'attacheront à connoître parfaitement les dimenſions des pièces & de tous les attirails, le calibre ordonné pour chaque eſpèce de fer coulé, le poids des principales munitions d'artillerie, & enfin le prix commun des bois, fers & autres matériaux, dans les différentes provinces où les régimens ſe trouveront en garniſon.

50.

L'intention de Sa Majeſté eſt que l'on ſuive ſcrupuleuſement, dans toutes les Écoles, l'exercice qui ſera réglé pour le canon de ſiége, de place & de campagne, ainſi que pour toutes les autres bouches à feu.

Ces exercices ſeront commandés par les Officiers-majors des régimens qui y ſeront employés; permet cependant Sa Majeſté au Commandant de l'École, & même à celui qui y préſidera le jour de l'inſtruction, de les faire commander par un Capitaine ou un Lieutenant du détachement, afin que tous les Officiers puiſſent s'y entendre, & même reprendre

reprendre ſes Canonniers & Bombardiers qui n'exécuteroient pas ponctuellement la manœuvre commandée.

51.

TOUTES les manœuvres de Mécanique ſe feront auſſi les jours d'École de pratique, tous les Officiers y aſſiſteront à leur tour pour pouvoir les entendre & les faire exécuter au beſoin.

Du ſervice en Campagne.

52.

LORSQUE Sa Majeſté jugera convenable de mettre un équipage d'Artillerie en campagne, il ſera envoyé dans la place où il ſe formera, un nombre ſuffiſant d'Officiers du Corps-royal de différens grades, choiſis entre ceux qui auront le plus de capacité, leſquels ſeront aux ordres du Commandant de l'équipage, à qui l'état en ſera adreſſé par le Secrétaire d'État ayant le département de la guerre; ils aideront à ſa formation, en prendront le détail, & y reſteront attachés pendant toute la campagne, juſqu'à ce que l'équipage ſoit licencié.

53.

LES Employés à la ſuite dudit équipage, tels que Gardes-d'artillerie, Conducteurs de charrois, Artificiers, Ouvriers d'état, & tous autres qui pourront y devenir néceſſaires, ſeront compris dans cet état; les appointemens & traitemens deſdits Officiers & Employés y ſeront déſignés pour chacun, ſuivant ſa qualité : il en ſera auſſi adreſſé un à l'Intendant de l'armée & au Tréſorier de l'Artillerie, pour les faire payer en conſéquence.

54.

Un des Officiers ſera déſigné pour faire les fonctions de Directeur du parc, & le Commandant choiſira parmi les Officiers des régimens qui ſeront à l'armée, ou qui y auront été envoyés des places, tous ceux qui ſeront jugés néceſſaires pour l'aider dans ſes fonctions : ces Officiers formeront la brigade du parc, qui ſera plus ou moins nombreuſe ſuivant la force de l'équipage; le plus ancien de ces Officiers, qui ſera le Chef de brigade, fera auſſi les fonctions de Sous-directeur du parc, & ſupléera le Directeur au beſoin.

55.

Le plus ancien Major des régimens du Corps-royal, qui ſeront à l'armée, ſera de droit Major de l'équipage, il remplira les fonctions qui ſeront détaillées ci-après; il reſtera attaché pendant toute la campagne au Commandant de l'équipage, pour prendre & rendre ſes ordres : il jouira du droit de recevoir le Mot & l'Ordre du Maréchal-de-camp de jour.

56.

Quand l'équipage aura joint l'armée, les Officiers qui y ſeront attachés, feront un ſervice commun entr'eux, à l'exception de ceux de la brigade du parc, qui ne feront que celui de leurs batteries aux ſiéges & aux batailles, ſuivant le grade du premier Capitaine de ladite brigade; obſervant même que le Chef de ladite brigade, ou autre Officier du parc, y ſoit toujours préſent pour les diſtributions des munitions à faire dans chaque circonſtance.

57.

Les Capitaines qui auront été tirés de leur réſidence

pour servir en campagne, seront le service des régimens avec lesquels ils se trouveront, & suivant l'ancienneté de leur grade dans lesdits régimens, quoiqu'ils n'y aient point d'emploi.

58.

LORSQUE le Commandant de l'équipage arrangera les Officiers en brigades, il prendra les plus anciens Capitaines des régimens qui seront à ses ordres pour les en établir Chefs, le nombre des brigades nécessaires décidera de celui des Chefs; & comme tous les Capitaines en premier ne pourront être employés en cette qualité, & qu'il convient cependant qu'ils soient tous admis au service, ils seront répartis dans les brigades, ainsi que les autres Officiers, en commençant par celle de la tête; mais tous les Officiers des régimens devant faire le service de détachement, ou autre, chacun à leur tour, ces Capitaines commanderont la brigade à laquelle ils seront attachés, lorsque le Chef se trouvera employé à quelqu'autre service.

59.

LES brigades seront chacune de six Officiers, dont le premier sera Capitaine en premier, & le nombre en sera réglé suivant celui des pièces d'artillerie qui seront employées.

60.

LES Officiers de la brigade affectée à une division de canons, ou de toutes autres bouches à feu, donneront une attention suivie à l'entretien des pièces dont elle sera composée, jusqu'à ce que ladite division soit rentrée au parc, & eux à leur régiment.

61.

TOUTES les bouches à feu de l'équipage d'artillerie, seront séparées en divisions, suivant leur espèce & leur calibre; &

dans toutes les marches, il ſera attaché à chacune de ces diviſions, une brigade d'Officiers, & un nombre ſuffiſant de Soldats des régimens du Corps-royal, pour les ſervir en cas de néceſſité; ils ne les abandonneront que lorſqu'elles ſeront rentrées au parc, de façon que, ſi pendant la marche il arrive une circonſtance où il ſoit néceſſaire d'employer une de ces diviſions, elle puiſſe ſortir de la colonne toute équipée en Officiers & en Soldats.

62.

LES Soldats du Corps-royal, attachés à ces diviſions, le ſeront auſſi particulièrement à la pièce qu'ils doivent ſervir; ils donneront une attention ſuivie à tous les attirails qui en dépendent, s'y trouveront tous placés dans un cas de néceſſité, & pourront, lorſque cette diviſion rentrera au Parc, rendre compte à un des Officiers de la brigade du parc, des réparations à faire auxdites pièces, afin que cet Officier donne les ordres néceſſaires au Chef des ouvriers, pour les faire réparer ſur le champ.

63.

TOUTES ces diviſions formées, il ſera réſervé un nombre aſſez conſidérable de Soldats, pour former celle du gros parc, & y faire toutes les manœuvres néceſſaires pour tous les attirails dont il ſera compoſé; bien entendu que les pièces que Sa Majeſté jugera convenable de faire diſtribuer à chacun de ſes régimens d'infanterie, ne ſeront pas ſervies par des Officiers ni par des Soldats du Corps-royal.

64.

ET comme une garde aux drapeaux pourroit devenir à charge, les régimens du Corps-royal, qui devront ſe rendre à l'armée, dépoſeront les leurs dans l'arſenal de la place où ils recevront leur ordre, pour les reprendre à leur retour; les canons en campagne ſeront leur point d'honneur, & celui de ralliement ſera toujours au parc.

65.

LES détachemens des régimens du Corps-royal, ſeront formés, à l'armée ainſi qu'en garniſon, de toutes les compagnies du régiment, qui fournira le détachement, de façon qu'il puiſſe y avoir des Soldats de toute eſpèce, & pour toute ſorte de ſervice; mais en cas de ſiége, ils ne ſeront employés, ainſi qu'il a été dit pour les Écoles de pratique, que chacun dans ſon genre; hors ce cas, ils ſeront admis à tous les ſervices de l'artillerie.

66.

LES compagnies de Mineurs & d'Ouvriers, ne feront à l'armée que le ſervice de leur état, & lorſqu'elles n'y ſeront point employées, elles feront les travaux & manœuvres d'artillerie ſuivant l'exigence des cas.

67.

LE ſecond Major des régimens du Corps-royal qui ſeront à l'armée, y remplira les fonctions de Major de brigade, & ſe concertera avec le Major de l'équipage pour tous les ſervices qui ſeront ordonnés par le Commandant de l'équipage.

68.

IL aura attention que tous les ſervices du Corps ſe faſſent avec uniformité dans tous les régimens, tant pour les tours de gardes que ceux de détachemens & de corvées; l'État-major de chaque régiment aura attention de former pour cela un contrôle de chacun de ces ſervices en particulier; & pour que l'un ne puiſſe pas nuire à l'autre, celui des détachemens ſe fera de préférence à tout autre, & commencera par la tête; celui de garde ſera le ſecond, & commencera de même par la tête; & celui des corvées ſera le dernier, & commencera par la queue; à l'égard de celui des batteries, il ſe fera par brigade dans l'ordre où elles auront été rangées.

69.

LES Colonels des régimens du Corps-royal, qui ſerviront en campagne, n'auront d'autre ſervice à faire que celui de leur grade, en roulant avec les autres Colonels d'infanterie, à moins que par leur ancienneté ils ne ſe trouvent commander l'équipage.

70.

LES autres Colonels & Lieutenans-colonels, attachés à l'équipage, de même que les Officiers des régimens qui auront ce rang, ſeront Directeurs de travail, & feront tour à tour la viſite des batteries, pour rendre compte des progrès au Commandant de l'équipage.

71.

LE Commandant de l'équipage commandera les Officiers des régimens ou autres qui y ſeront attachés, ſelon qu'il le jugera à propos pour les commiſſions particulières, relatives à ſa confiance, & non pour le ſervice de Sa Majeſté où ils ſeront commandés par ancienneté.

72.

LES régimens du Corps-royal & les compagnies de Mineurs & d'Ouvriers, ne feront jamais aucun mouvement que par l'ordre du Général de l'armée ou du Commandant du corps de troupes avec lequel ils ferviront; mais les détachemens qui en feront tirés, marcheront fur les ordres de celui qui commandera l'Artillerie dans ladite armée ou corps de Troupes, dans lefquels ordres il fera fait mention de ceux qu'il aura reçus de l'Officier général commandant.

73.

LE Colonel de chaque régiment, & en fon abfence, le Lieutenant-colonel, le Major ou le plus ancien Capitaine, le commandera à l'armée, ainfi qu'en garnifon, en ce qui regarde uniquement la difcipline intérieure du corps, qui comprend les revues, les congés, les appels, l'habillement, l'armement, la fubfiftance, & tous les détails de l'Infanterie, dont il rendra compte au Commandant de l'équipage lorfqu'il l'exigera.

74.

LE Commandant du régiment devra prévenir celui de l'équipage, du jour & de l'heure qu'il deftinera à l'exercice & aux infpections particulières qu'il voudroit faire des Soldats dudit régiment; & fi le Commandant de l'équipage avoit des raifons pour defirer que ces exercices ou infpections fuffent remis à un autre temps, le Commandant du régiment fera tenu d'y déférer.

75.

DANS tout autre fervice que celui de l'intérieur du régiment, les Officiers de l'équipage prendront le commandement entr'eux fuivant leur grade & leur ancienneté, de manière que les Colonels foient commandés par les Brigadiers, & ceux-ci par les Officiers généraux, lefquels Brigadiers ne pourront cependant prétendre aux honneurs attribués à leur grade, à moins qu'ils ne commandent l'équipage ou qu'ils n'aient des lettres de ſervice.

76.

LES Officiers des compagnies de Mineurs & d'Ouvriers, ne ſeront point attachés aux brigades, devant être occupés uniquement à leur ſervice particulier; à l'exception des Capitaines qui auront le grade d'Officier ſupérieur, & qui en feront le ſervice à leur rang, ſi celui de leur compagnie ne devient pas plus eſſentiel.

77.

DANS toutes les eſcortes qui ſe feront pour les convois d'artillerie, le commandement, pour la ſûreté dudit convoi, appartiendra de droit à l'Officier le plus élevé en grade, ou à grade égal à celui du plus ancien régiment de l'armée qui ſe trouvera à cette eſcorte: le plus ancien des Officiers du Corps-royal, qui ſeront attachés à ce convoi, le prendra auſſi au rang que le Corps-royal tient dans l'Infanterie, mais il aura toujours celui des manœuvres de l'artillerie à ordonner dans ledit convoi.

78.

SA MAJESTÉ, en confirmant ſon Ordonnance du 18 ſeptembre 1723, concernant la manière dont il doit être procédé contre les Soldats, Cavaliers & Dragons, & tous autres particuliers convaincus d'avoir volé des pièces & munitions d'artillerie, veut que les Conſeils de guerre qui ſe tiendront dans les armées pour le jugement deſdits crimes, ſoient aſſemblés chez le Commandant de l'équipage d'artillerie, & compoſés de Capitaines du Corps-royal, & que le Major du régiment dudit Corps qui fera la fonction de Major de brigade, ſoit chargé de

15. Decembre 1772.

de l'inſtruction du procès: Pour tout autre délit, il en ſera uſé comme il eſt porté par les Ordonnances de Sa Majeſté.

79.

A la fin de la campagne, les Officiers qui formeront la brigade du parc, rentreront dans les arſenaux avec le train d'artillerie, pour y faire faire les radoubs néceſſaires & pourvoir aux approviſionnemens pour la campagne ſuivante; & en cas de licenciement de l'équipage, ils attendront les ordres de Sa Majeſté pour retourner à leur première charge.

Fonctions du Major de l'Équipage.

80.

Le Major de l'équipage, dont le choix eſt déſigné à l'article 55, prendra l'état des Officiers détachés, & de tous les Employés à la ſuite de l'équipage d'artillerie, pour en former un livret, & le remettre au Commiſſaire des guerres & du Corps-royal, qui ſera chargé d'en faire la revue; il s'emploiera à leur procurer le payement de leurs appointemens & le décompte de leur ſubſiſtance.

81.

Il tiendra à cet effet des regiſtres de recette & de dépenſe pour chaque Officier & Employé de l'équipage, ainſi que pour toutes les diſtributions auxquelles il enverra un des Aides qui lui auront été nommés par le Commandant pour le ſeconder dans ſes fonctions; cet Aide lui en remettra les feuilles dont il formera l'état général de toute la campagne.

82.

Il aura la police ſur tous les Employés, tels que Gardes

d'artillerie, Conducteurs, Ouvriers d'état, Artificiers, Charretiers, &c. pour les admettre en bonne règle & discipline aux différens travaux où il plaira au Directeur du parc de les employer.

83.

Il recevra du Directeur du parc, un état des pièces & munitions d'artillerie de toute espèce qui seront à l'équipage, avec le nombre & la qualité des voitures, ainsi que celui des chevaux, pour pouvoir en rendre compte en toute occasion au Commandant de l'équipage, assurer la subsistance des chevaux, & répondre à toutes les questions qui pourroient lui être faites à ce sujet par le Général de l'armée.

84.

Il sera logé le plus à portée qu'il sera possible du Commandant de l'équipage, pour pouvoir plus facilement prendre & rendre ses ordres : chacun des régimens du Corps-royal qui seront à l'armée, lui enverra à cet effet tous les matins, un Sergent & un Caporal d'ordonnance, pour faire porter lesdits ordres & les remettre à leur destination.

85.

Il ira au campement, ou il y enverra un de ses Aides pour reconnoître l'emplacement destiné pour le parc, & les secours qui pourront s'y trouver, afin de profiter des maisons & granges pour loger le Directeur du parc, établir des magasins à couvert, former des hangars pour les Ouvriers & pour faire travailler les Artificiers; il s'adressera à l'Officier-major du Corps-royal qui sera au campement pour faire garder lesdits bâtimens par quelques Soldats, afin d'éviter toute discussion avec ceux qui voudroient s'en emparer.

86.

Il accompagnera le Commandant de l'équipage dans toutes ses tournées, pour indiquer ensuite aux Officiers commandés, les points de travail qu'il leur aura destinés.

87.

Il continuera, ainsi qu'il a été dit à l'article 55, de prendre le Mot & l'Ordre chez le Général de l'armée, du Maréchal-de-camp de jour, & portera le Mot au Commandant de l'équipage.

88.

Il se trouvera tous les jours chez le Commandant de l'équipage, quand le Major de brigade y viendra apporter l'Ordre qu'il aura pris chez le Major général de l'armée, pour y copier les articles qui auront rapport à ses fonctions, & se concerter avec lui pour l'exécution.

89.

Pendant la durée du siége d'une place, il enverra tous les matins un de ses Aides pour accompagner le Directeur le jour, dans sa visite des batteries; & tandis que ce Directeur examinera les travaux, cet Aide prendra, des Officiers qui les conduiront, un état de tout ce qui sera nécessaire pour le travail de la nuit suivante, tant en Travailleurs que munitions ou attirails propres à conduire ou réparer les ouvrages.

90.

Il profitera du temps de cette visite pour faire rendre chez lui les Sergens de tous les Travailleurs qui auront été employés le jour & la nuit précédente aux batteries; il visitera & signera leur billet, & tiendra un registre pour pouvoir en temps & lieu, dreſſer les états de dépenſe des batteries; il obſervera auſſi qu'il ne ſoit employé de Travailleurs, Canonniers ou Servans aux batteries, que conformément à la demande qu'il en aura faite au Major de brigade du Corps.

91.

PENDANT que le Directeur, au retour de ſa viſite, ira rendre compte au Commandant de l'équipage, du progrès des travaux de la nuit; l'Aide, qui l'aura accompagné, ira porter au Major, les états des demandes faites par les Officiers commandans aux travaux & batteries, & il en dreſſera un ſur le champ, pour demander au Major général de l'Infanterie, les Travailleurs néceſſaires pour la nuit & la journée ſuivante, & un autre pour demander au Directeur du parc, les munitions & attirails néceſſaires aux travaux.

92.

IL remettra au Major de brigade du Corps, lorſque celui-ci ira porter l'Ordre au Commandant de l'équipage, un état des Canonniers néceſſaires pour relever les batteries, des Officiers à commander pour ce ſervice, & généralement de tout ce qui aura été ordonné par le Commandant de l'équipage pour la nuit & la journée ſuivante.

93.

LORSQUE le Major de l'équipage, ne pourra, par des raiſons indiſpenſables, ſe trouver chez le Commandant à l'heure que le Major de brigade du Corps, viendra lui apporter l'Ordre, ce Major de brigade, ou celui qui par de mêmes raiſons y feroit envoyé de ſa part, recevra d'un des aides de l'équipage, les états ſuſdits, & lui laiſſera copier dans l'ordre du jour, les articles qui concerneront le ſervice de l'Artillerie, ainſi que les diſtributions.

94.

QUELQUE temps avant qu'on relève les batteries, le Major de l'équipage ira vérifier au parc ſi les munitions & attirails qu'il aura demandés, ſont préparés; il fera diſpoſer ceux qui ſeront portatifs, pour les remettre aux Canonniers & Servans qui iront relever aux batteries, & qui les prendront en partant de leur camp pour s'y rendre.

95.

IL ira enſuite au dépôt de la tranchée, pour y raſſembler les Travailleurs de l'Infanterie qui auront été demandés à l'ordre: il les rangera ſuivant leur deſtination; & ſi on a demandé des ſauciſſons, gabions, piquets, ſacs à terre, &c. il leur en fera diſtribuer par l'ordre du Major de la tranchée, & les tiendra ainſi prêts à marcher, pour les joindre aux détachemens de Canonniers qui iront relever aux batteries.

96.

LA place étant rendue, le Major de l'équipage y entrera avec le Directeur du parc, le Commiſſaire chargé de la police du Corps royal, & les Officiers qui y auront été deſtinés par le Commandant de l'équipage, pour reconnoître l'état de la place; prendre l'inventaire des effets, pièces & munitions d'Artillerie qui s'y trouveront; examiner celles qu'il en faudra retirer pour les réparer, de même que celles qu'il faudra y ajouter, ainſi que les batteries qu'il y aura à faire pour mettre la place en état de défenſe: ils recevront ſur cela les ordres du Commandant de l'équipage, après lui avoir remis l'état de tout ce qu'ils auront trouvé de bien conditionné ou hors de service.

97.

LE Major de l'équipage formera auſſi l'état des batteries qui auront été employées au ſiége, du nombre & de la qualité des bouches à feu, des jours qu'elles auront tiré, des objets qu'elles avoient, & des ſommes qui auront été conſommées pour le payement des Travailleurs, Canonniers, Ouvriers d'état & autres Employés; il remettra cet état au Commandant de l'équipage, qui en rendra compte au Secrétaire d'État ayant le département de la guerre.

98.

IL n'abandonnera l'équipage qu'après qu'il en aura reçu l'ordre de Sa Majeſté.

99.

ENTEND au ſurplus Sa Majeſté que les articles de l'Ordonnance du ſervice des Places, du 1.er mars 1768, qui concernent le Corps-royal de l'Artillerie, aient leur exécution en tout ce qui ne ſera pas contraire à la préſente.

MANDE & ordonne Sa Majeſté aux Gouverneurs & ſes Lieutenans généraux, commandant en ſes provinces & armées, aux Commandans particuliers de ſes villes & places, au Directeur général du Corps-royal de l'Artillerie, aux Chefs de départemens généraux, aux Commandans des Écoles, des équipages & des régimens dudit Corps, aux Commiſſaires des guerres & du Corps-royal, & à tous autres ſes Officiers

15. Decembre 1772.

362.

qu'il appartiendra, de tenir la main à l'exécution de la présente Ordonnance, & de s'y conformer sans difficulté.

FAIT à Versailles le quinze décembre mil sept cent soixante-douze. *Signé* LOUIS. *Et plus bas*, MONTEYNARD.

A PARIS,
DE L'IMPRIMERIE ROYALE.

M. DCCLXXIII.

www.ingramcontent.com/pod-product-compliance
Lightning Source LLC
LaVergne TN
LVHW010308230826
846091LV00007BB/2782